The Marvelous Cow with Starry Spots And Other Bilingual Spanish-English Stories for Kids

Pomme Bilingual

Published by Pomme Bilingual, 2024.

THE MARVELOUS COW WITH STARRY SPOTS AND OTHER BILINGUAL SPANISH-ENGLISH STORIES FOR KIDS

First edition. August 23, 2024.

Copyright © 2024 Pomme Bilingual.

ISBN: 979-8227399847

Written by Pomme Bilingual.

Table of Contents

El Increíble Sr. Donut y su Gran Aventura en el País de los Dulces 1

The Incredible Mr. Donut and His Big Adventure in the Land of Sweets 5

La Maravillosa Vaca con Manchas de Estrellas 9

The Marvelous Cow with Starry Spots 13

El Elefante que Soñaba Volar.........15

The Elephant Who Dreamed of Flying.........21

Max, el Ratón de la Gran Ciudad.........25

Max, the Mouse of the Big City.........29

La Extraordinaria Aventura de Sofía y el Sombrero Mágico.........33

The Extraordinary Adventure of Sofía and the Magic Hat.........41

El Misterio de la Biblioteca Encantada.........49

The Mystery of the Enchanted Library 55

El Increíble Sr. Donut y su Gran Aventura en el País de los Dulces

En un pequeño pueblo, donde todo era normal y corriente, vivía un personaje muy peculiar llamado el Sr. Donut. A diferencia de otros donuts, él no vivía en una caja de cartón o en una bandeja en la panadería, sino en una pequeña y acogedora casa construida enteramente de azúcar glas y chispas de chocolate. Su bigote, también hecho de chispas, se retorcía como un rizo perfecto cada vez que sonreía, lo cual hacía muy a menudo.

Un día, mientras el Sr. Donut tomaba su habitual baño de glaseado, recibió una carta muy misteriosa. Estaba escrita con una letra temblorosa y un tanto pegajosa, y decía: "Querido Sr. Donut, necesito tu ayuda. El Reino de los Dulces está en peligro. Solo tú puedes salvarnos. Atentamente, la Reina Caramelo."

El Sr. Donut sintió que su corazón de masa se aceleraba. ¡La Reina Caramelo! Era la soberana más dulce y respetada de todo el País de los Dulces. Sin pensarlo dos veces, se secó rápidamente con una toalla de azúcar glas y se preparó para partir.

Empacó lo esencial: un par de chispas de repuesto para su bigote, un frasco de jarabe de chocolate para emergencias, y su gorro de nata montada. Después de asegurarse de que su casa estaba bien cerrada con un candado de regaliz, se dirigió al País de los Dulces.

El camino no fue fácil. Primero tuvo que cruzar el Río de la Mermelada, donde las corrientes de fresa y mora eran tan fuertes que casi se lo llevan flotando. Por suerte, usó su frasco de jarabe de chocolate como bote y logró cruzar sin problema. Luego, enfrentó al feroz Guardián de las

Galletas, una criatura hecha completamente de galletas de avena, que no dejaba pasar a nadie sin resolver un acertijo crujiente. El Sr. Donut, con su ingenio, resolvió el acertijo: "¿Qué es lo que se rompe sin dejar de estar entero?" "¡Un huevo!", exclamó, y el Guardián, impresionado, lo dejó pasar.

Finalmente, llegó al castillo de la Reina Caramelo, un majestuoso edificio construido con barras de caramelo, columnas de bastones de menta, y ventanas de vidrio de azúcar. La Reina lo recibió con lágrimas en los ojos. "Oh, querido Sr. Donut, ¡qué alegría verte!", dijo. "Nuestro Reino ha sido invadido por el amargo Sr. Limón y sus secuaces, los Caramelos Ácidos. Han robado la Gran Cucharada de Azúcar, el corazón de nuestro Reino, y ahora todo se está volviendo agrio."

El Sr. Donut, siempre valiente, prometió recuperar la Gran Cucharada de Azúcar. Siguiendo las pistas dejadas por los pequeños ratones de galleta que vivían en el castillo, llegó hasta la Cueva del Limón, donde el Sr. Limón había escondido el preciado tesoro.

La Cueva del Limón estaba llena de trampas pegajosas y zumbantes abejas de caramelo. Pero el Sr. Donut, con su agilidad, esquivó cada trampa y calmó a las abejas ofreciéndoles un poco de su jarabe de chocolate. Finalmente, se enfrentó cara a cara con el Sr. Limón.

"¡Devuélvenos la Gran Cucharada de Azúcar, Sr. Limón!", exigió el Sr. Donut con firmeza.

El Sr. Limón, aunque amargo por naturaleza, no pudo evitar sonreír ante la valentía del pequeño Sr. Donut. "Solo te la devolveré si puedes endulzar mi corazón amargo," dijo con voz áspera.

El Sr. Donut pensó un momento y luego recordó su gorro de nata montada. Se lo ofreció al Sr. Limón, que lo probó con escepticismo. Para sorpresa de todos, una sonrisa se dibujó en su rostro amarillo. "¡Es delicioso!", exclamó. "Nunca había probado algo tan dulce."

Así, el Sr. Limón devolvió la Gran Cucharada de Azúcar, y el Reino de los Dulces fue restaurado a su antigua gloria. La Reina Caramelo organizó una gran fiesta en honor al Sr. Donut, quien fue proclamado héroe del Reino. Desde ese día, el Sr. Limón y el Sr. Donut se volvieron grandes amigos, y juntos trabajaron para mantener el equilibrio entre lo dulce y lo agrio en el Reino de los Dulces.

Y así, el Sr. Donut regresó a su pequeña casa de azúcar glas, donde vivió felizmente, sabiendo que, con un poco de dulzura y valentía, se puede conquistar cualquier amargura.

The Incredible Mr. Donut and His Big Adventure in the Land of Sweets

In a small town, where everything was ordinary and unremarkable, lived a very peculiar character named Mr. Donut. Unlike other donuts, he didn't live in a cardboard box or on a bakery tray, but in a small, cozy house built entirely of powdered sugar and chocolate sprinkles. His mustache, also made of sprinkles, curled into a perfect twist every time he smiled, which he did quite often.

One day, while Mr. Donut was enjoying his usual glaze bath, he received a very mysterious letter. It was written in a shaky, somewhat sticky handwriting and read: "Dear Mr. Donut, I need your help. The Kingdom of Sweets is in danger. Only you can save us. Sincerely, Queen Candy."

Mr. Donut felt his doughy heart race. Queen Candy! She was the sweetest and most respected ruler of the entire Land of Sweets. Without a second thought, he quickly dried off with a powdered sugar towel and prepared to set off.

He packed the essentials: a few extra sprinkles for his mustache, a bottle of chocolate syrup for emergencies, and his whipped cream hat. After ensuring his house was securely locked with a licorice lock, he headed towards the Land of Sweets.

The journey wasn't easy. First, he had to cross the Jam River, where the strawberry and blackberry currents were so strong they almost carried him away. Fortunately, he used his chocolate syrup bottle as a boat and managed to cross without trouble. Then, he faced the fierce Cookie Guardian, a creature made entirely of oatmeal cookies, who wouldn't let anyone pass without solving a crunchy riddle. Mr. Donut, with his wit, solved the riddle: "What breaks without ever being whole?" "An egg!" he exclaimed, and the Guardian, impressed, let him pass.

Finally, he arrived at Queen Candy's castle, a majestic building made of candy bars, peppermint stick columns, and sugar glass windows. The Queen greeted him with tears in her eyes. "Oh, dear Mr. Donut, what a joy to see you!" she said. "Our Kingdom has been invaded by the bitter Mr. Lemon and his minions, the Sour Candies. They've stolen the Great Spoonful of Sugar, the heart of our Kingdom, and now everything is turning sour."

Mr. Donut, always brave, promised to retrieve the Great Spoonful of Sugar. Following the clues left by the small cookie mice that lived in the castle, he reached the Lemon Cave, where Mr. Lemon had hidden the precious treasure.

The Lemon Cave was full of sticky traps and buzzing candy bees. But Mr. Donut, with his agility, dodged every trap and calmed the bees by offering them some of his chocolate syrup. Finally, he came face to face with Mr. Lemon.

"Return the Great Spoonful of Sugar, Mr. Lemon!" Mr. Donut demanded firmly.

Mr. Lemon, although naturally bitter, couldn't help but smile at the bravery of little Mr. Donut. "I will only return it if you can sweeten my bitter heart," he said gruffly.

Mr. Donut thought for a moment, then remembered his whipped cream hat. He offered it to Mr. Lemon, who tasted it skeptically. To everyone's surprise, a smile spread across his yellow face. "It's delicious!" he exclaimed. "I've never tasted anything so sweet."

And so, Mr. Lemon returned the Great Spoonful of Sugar, and the Kingdom of Sweets was restored to its former glory. Queen Candy organized a grand party in honor of Mr. Donut, who was proclaimed a hero of the Kingdom. From that day on, Mr. Lemon and Mr. Donut became great friends, and together they worked to maintain the balance between sweet and sour in the Land of Sweets.

And so, Mr. Donut returned to his little powdered sugar house, where he lived happily, knowing that, with a little sweetness and bravery, any bitterness can be conquered.

La Maravillosa Vaca con Manchas de Estrellas

En un pequeño pueblo llamado Sombrerillo de Luna, conocido por sus interminables campos de tréboles y colinas onduladas, vivía una vaca muy especial llamada Estrellita. Estrellita no era una vaca común y corriente; sus manchas no eran negras como las de las demás vacas, sino que brillaban como pequeñas estrellas en el cielo nocturno. Cada noche, sus manchas se iluminaban con un resplandor plateado que dejaba a todos en el pueblo asombrados.

Pero, a pesar de su belleza única, Estrellita tenía un pequeño problema. Ella era extremadamente tímida. Mientras las otras vacas pastaban alegremente en el campo y se juntaban para charlar sobre el delicioso pasto o el clima, Estrellita siempre se quedaba a un lado, apartada, mirando las estrellas en silencio.

Un día, mientras Estrellita estaba ocupada admirando el cielo, escuchó a dos vaquillas susurrando cerca de ella. "¿Has oído sobre la feria que se celebrará en el pueblo?" dijo una de las vaquillas con entusiasmo. "Sí, he oído que habrá un concurso para elegir a la vaca más hermosa," respondió la otra. "Pero, ¿quién querría participar contra Clarabella? ¡Ella es la favorita de todos!"

Clarabella era una vaca grande, fuerte y muy popular en el pueblo. Su pelaje era suave y brillante, y sus ojos tenían un brillo que encantaba a todos los que la conocían. Todos estaban seguros de que ganaría el concurso sin esfuerzo.

Estrellita suspiró. Nunca se había considerado hermosa, a pesar de sus manchas brillantes. Decidió que no tenía sentido siquiera pensar en participar. Sin embargo, algo en su corazón le dijo que tal vez, solo tal vez, ella tenía algo especial que ofrecer.

Esa noche, mientras todos dormían, Estrellita se acercó al estanque del campo, donde el agua era tan clara que reflejaba las estrellas del cielo como un espejo. Se miró en el agua y vio cómo sus manchas brillaban aún más bajo la luz de la luna. "Quizás... quizás pueda intentarlo," pensó para sí misma. Decidió que participaría en el concurso, no para ganar, sino para demostrar que no tenía que esconderse más.

El día de la feria llegó rápidamente. El pueblo estaba lleno de colores, música y risas. Las vacas participantes estaban alineadas en un gran corral, cada una con su mejor aspecto. Clarabella se pavoneaba, segura de su victoria. Las demás vacas la miraban con admiración, y algunos murmuraban que nadie más tenía oportunidad de ganar.

Pero cuando Estrellita entró en el corral, un silencio cayó sobre la multitud. Sus manchas brillaban con tal intensidad bajo el sol que todos se quedaron boquiabiertos. Nunca antes habían visto algo tan maravilloso.

El jurado, compuesto por tres ancianos del pueblo, comenzó a examinar a cada vaca. Pasaron por Clarabella, quien se pavoneó y agitó su cola con gracia. Pero cuando llegaron a Estrellita, no pudieron evitar quedar asombrados por la belleza única de sus manchas brillantes.

Después de un largo deliberar, el jurado finalmente anunció la decisión. "La vaca más hermosa de la feria de este año es... ¡Estrellita!" La multitud estalló en aplausos y vítores. Estrellita no podía creer lo que estaba escuchando. Las demás vacas se acercaron a felicitarla, incluso Clarabella, quien, aunque un poco decepcionada, le sonrió sinceramente.

Esa noche, después de la feria, Estrellita se encontró en el centro de atención. Pero, a diferencia de antes, ya no se sentía tímida o insegura. Se dio cuenta de que su belleza no estaba solo en sus manchas, sino en su valentía para mostrarse tal como era.

Y así, en el pequeño pueblo de Sombrerillo de Luna, donde las estrellas brillan tanto en el cielo como en la tierra, Estrellita continuó siendo un faro de luz y esperanza para todos los que necesitaban un recordatorio de que, aunque seamos diferentes, cada uno de nosotros tiene una chispa que puede iluminar el mundo.

The Marvelous Cow with Starry Spots

In a small village called Sombrerillo de Luna, known for its endless fields of clover and rolling hills, lived a very special cow named Starry. Starry was not an ordinary cow; her spots weren't black like other cows', but instead, they shone like tiny stars in the night sky. Every night, her spots would glow with a silvery light that left everyone in the village in awe.

But despite her unique beauty, Starry had a small problem. She was extremely shy. While the other cows happily grazed in the field and gathered to chat about the delicious grass or the weather, Starry always stayed aside, quietly gazing at the stars.

One day, while Starry was busy admiring the sky, she overheard two young heifers whispering nearby. "Have you heard about the fair that will be held in the village?" said one of the heifers excitedly. "Yes, I've heard there will be a contest to choose the most beautiful cow," replied the other. "But who would want to compete against Clarabella? She's everyone's favorite!"

Clarabella was a big, strong, and very popular cow in the village. Her coat was soft and shiny, and her eyes had a sparkle that charmed everyone who met her. Everyone was sure she would win the contest effortlessly.

Starry sighed. She had never considered herself beautiful, despite her glowing spots. She decided it wasn't worth even thinking about participating. However, something in her heart told her that maybe, just maybe, she had something special to offer.

That night, while everyone was asleep, Starry approached the pond in the field, where the water was so clear that it reflected the stars in the sky like a mirror. She looked at herself in the water and saw how her spots shone even more under the moonlight. "Maybe... maybe I can try," she thought to herself. She decided she would enter the contest, not to win, but to prove she didn't have to hide anymore.

The day of the fair arrived quickly. The village was full of colors, music, and laughter. The participating cows were lined up in a large corral, each looking their best. Clarabella strutted around, confident in her victory. The other cows looked at her with admiration, and some murmured that no one else stood a chance of winning.

But when Starry entered the corral, a hush fell over the crowd. Her spots glowed so intensely in the sunlight that everyone was left speechless. They had never seen anything so marvelous.

The judges, made up of three village elders, began to examine each cow. They passed by Clarabella, who strutted and flicked her tail gracefully. But when they reached Starry, they couldn't help but be amazed by the unique beauty of her glowing spots.

After a long deliberation, the judges finally announced their decision. "The most beautiful cow at this year's fair is... Starry!" The crowd erupted in applause and cheers. Starry couldn't believe what she was hearing. The other cows came to congratulate her, even Clarabella, who, though a bit disappointed, smiled at her sincerely.

That night, after the fair, Starry found herself in the spotlight. But unlike before, she no longer felt shy or insecure. She realized that her beauty wasn't just in her spots but in her bravery to show herself as she was.

And so, in the small village of Sombrerillo de Luna, where the stars shine as brightly in the sky as they do on the ground, Starry continued to be a beacon of light and hope for all those who needed a reminder that, although we may be different, each of us has a spark that can light up the world.

El Elefante que Soñaba Volar

Había una vez, en la vasta sabana africana, un pequeño elefante llamado Elio. A pesar de su corta edad, Elio tenía unas orejas grandes y pesadas que siempre se movían con gracia al caminar. Pero más allá de su imponente tamaño, lo que realmente hacía a Elio diferente era su gran imaginación. Él soñaba con cosas que otros elefantes nunca se habían atrevido a imaginar. Y su mayor sueño, el más increíble de todos, era poder volar.

Desde que era solo un bebé elefante, Elio se sentaba bajo el gran baobab en el centro de la sabana y observaba cómo los pájaros se deslizaban por el aire, moviendo sus alas con tanta facilidad. Veía cómo los ágiles antílopes saltaban por los campos y cómo los monos trepaban con agilidad por los árboles. Pero lo que más le fascinaba era el vuelo de los pájaros. "¡Qué maravilloso sería poder volar por el cielo!", pensaba Elio.

A menudo, los otros elefantes se reían de él cuando les contaba sus sueños. "Los elefantes no vuelan, Elio", le decían, sacudiendo sus grandes cabezas. "Nosotros somos grandes y pesados, necesitamos estar en el suelo, no en el aire". Pero Elio no dejaba que eso lo desanimara. Su madre, Eleonora, siempre le decía: "Elio, nunca dejes de soñar. Los sueños son lo que nos hace especiales. Si realmente crees en algo, algún día podría hacerse realidad".

Un día, mientras Elio estaba practicando aletear con sus grandes orejas, como lo hacían los pájaros con sus alas, escuchó un ruido inusual. Era un sonido que nunca antes había oído. Decidido a investigar, siguió el sonido hasta que llegó a un pequeño claro en el bosque. Ahí, en el centro del claro, vio a un extraño y colorido pájaro que estaba atrapado en una red.

El pájaro era grande y majestuoso, con plumas de un brillante azul y verde. Su pico era afilado y sus ojos, llenos de tristeza, miraban a Elio con esperanza. "Por favor, ayúdame", suplicó el pájaro con una voz suave pero desesperada. Elio, con su gran corazón, no dudó ni un segundo. Usando su trompa, rompió la red que mantenía atrapado al pájaro.

"Gracias, pequeño elefante", dijo el pájaro mientras extendía sus alas con gratitud. "Me has salvado. Soy Alar, el Rey de los Cielos, y te debo un gran favor".

Elio, asombrado por la majestuosidad de Alar, le respondió con timidez: "No tienes que agradecerme, solo hice lo que creía correcto".

Alar lo miró con atención y notó la tristeza en los ojos de Elio. "¿Qué te preocupa, joven elefante? Pareces tener un corazón pesado, a pesar de tu acto generoso".

Elio suspiró y confesó: "Siempre he soñado con volar, como tú y otros pájaros. Pero todos me dicen que es imposible. Que un elefante nunca podrá volar".

Alar sonrió con sabiduría y dijo: "Elio, el vuelo no es solo para aquellos con alas. El verdadero vuelo comienza en el corazón y en la mente. Si realmente deseas volar, tal vez haya una manera".

Elio sintió que su corazón latía más rápido. "¿De verdad crees que puedo volar?", preguntó con emoción.

"Creo que los sueños pueden tomar muchas formas", respondió Alar. "Pero también sé que volar no siempre es como lo imaginamos. Si realmente quieres volar, necesitas coraje, paciencia y creer en ti mismo".

Después de despedirse de Alar, Elio volvió a su manada con una nueva determinación. Decidió que haría todo lo posible para lograr su sueño, no importaba cuánto tiempo tomara o cuántas veces tuviera que intentarlo.

Los días pasaron, y Elio continuó practicando con sus orejas, cada vez con más fuerza y habilidad. Corría por la sabana, tratando de sentir el viento bajo sus grandes orejas, y aunque no se levantaba del suelo, cada intento lo hacía sentir más cerca de su objetivo.

Una tarde, mientras Elio practicaba, vio a lo lejos una gran nube de polvo acercándose rápidamente. Eran los humanos, esos seres extraños que a menudo traían problemas a la sabana. Estaban montados en enormes vehículos, haciendo un ruido aterrador. Elio vio cómo los otros animales huían en pánico, y supo que algo malo estaba por suceder.

Con su gran trompa, Elio emitió un fuerte llamado para alertar a su manada. Los elefantes se reunieron rápidamente, formando un círculo protector alrededor de los más jóvenes. Elio, a pesar de ser joven, sabía que tenía que hacer algo para ayudar. Recordó las palabras de Alar: "El vuelo comienza en el corazón".

Tomando una gran bocanada de aire, Elio corrió hacia los vehículos con toda la velocidad que podía reunir. Mientras corría, sus orejas se agitaban en el viento, y por un breve momento, sintió como si estuviera flotando. No estaba volando en el sentido tradicional, pero algo en su interior le decía que estaba haciendo lo correcto.

Cuando los humanos vieron al pequeño pero valiente elefante corriendo hacia ellos, se sorprendieron y desaceleraron sus vehículos. Elio, con todas sus fuerzas, levantó polvo y piedras con su trompa, creando una especie de cortina que impedía que los humanos avanzaran. Al ver esto, la manada de elefantes se unió a Elio, haciendo sonar sus trompas y golpeando el suelo con sus patas.

Los humanos, al darse cuenta de que no podían avanzar, decidieron retroceder. Elio y su manada los siguieron hasta asegurarse de que se habían ido lejos, muy lejos de su hogar.

Esa noche, mientras la manada se reunía bajo el gran baobab, todos elogiaron a Elio por su valentía. Incluso los elefantes que antes se habían burlado de sus sueños lo miraban ahora con respeto y admiración.

Pero lo más importante fue que Elio se dio cuenta de algo crucial: no había necesitado volar para ser un héroe. Había encontrado su propio tipo de vuelo, uno que lo había llevado a hacer algo grandioso y valiente, algo que protegió a su familia y a su hogar.

Al día siguiente, Elio se encontraba nuevamente bajo el baobab, pero esta vez no estaba solo. Alar, el gran pájaro que había salvado, había venido a visitarlo.

"Escuché lo que hiciste ayer, Elio", dijo Alar con una sonrisa. "Mostraste un gran coraje y corazón. ¿Cómo te sientes ahora?"

Elio sonrió con satisfacción. "Me siento bien, Alar. Me di cuenta de que no necesito volar para ser especial. Puedo soñar con volar, pero también puedo soñar con muchas otras cosas que están a mi alcance".

Alar asintió con sabiduría. "Así es, joven elefante. Todos tenemos nuestro propio camino en el cielo, y tú has encontrado el tuyo. Pero, si alguna vez quieres sentir la brisa bajo tus orejas, siempre estaré aquí para ayudarte a recordar cómo soñaste con volar".

Y con esas palabras, Alar extendió sus majestuosas alas y alzó el vuelo, dejando a Elio con una sonrisa en su rostro y una lección valiosa en su corazón.

A partir de ese día, Elio siguió siendo el elefante soñador que siempre había sido, pero ahora entendía que los sueños no siempre se realizan de la manera que imaginamos. A veces, los sueños nos guían hacia un propósito aún mayor, y en lugar de volar en el cielo, volamos en nuestro corazón, elevándonos a alturas que nunca antes habríamos creído posibles.

The Elephant Who Dreamed of Flying

Once upon a time, in the vast African savanna, there lived a little elephant named Elio. Despite his young age, Elio had big, heavy ears that always moved gracefully as he walked. But beyond his imposing size, what truly made Elio different was his great imagination. He dreamed of things that other elephants had never dared to imagine. And his greatest dream, the most incredible of all, was to be able to fly.

Ever since he was just a baby elephant, Elio would sit under the great baobab tree in the center of the savanna and watch how birds glided through the air, moving their wings so effortlessly. He would see how agile antelopes leaped through the fields and how monkeys climbed skillfully through the trees. But what fascinated him most was the flight of the birds. "How wonderful it would be to fly through the sky!" Elio thought.

Often, the other elephants laughed at him when he told them about his dreams. "Elephants don't fly, Elio," they would say, shaking their big heads. "We are big and heavy; we need to stay on the ground, not in the air." But Elio didn't let that discourage him. His mother, Eleonora, always told him, "Elio, never stop dreaming. Dreams are what make us special. If you truly believe in something, one day it might come true."

One day, while Elio was practicing flapping his big ears like birds did with their wings, he heard an unusual noise. It was a sound he had never heard before. Determined to investigate, he followed the sound until he arrived at a small clearing in the forest. There, in the center of the clearing, he saw a strange and colorful bird trapped in a net.

The bird was large and majestic, with bright blue and green feathers. Its beak was sharp, and its eyes, full of sadness, looked at Elio with hope.

"Please, help me," pleaded the bird in a soft but desperate voice. Elio, with his big heart, didn't hesitate for a second. Using his trunk, he broke the net that was trapping the bird.

"Thank you, little elephant," said the bird as it spread its wings gratefully. "You have saved me. I am Alar, the King of the Skies, and I owe you a great favor."

Elio, amazed by Alar's majesty, responded shyly, "You don't have to thank me; I just did what I thought was right."

Alar looked at him closely and noticed the sadness in Elio's eyes. "What troubles you, young elephant? You seem to have a heavy heart, despite your generous act."

Elio sighed and confessed, "I have always dreamed of flying, like you and other birds. But everyone tells me it's impossible. That an elephant could never fly."

Alar smiled wisely and said, "Elio, flight is not just for those with wings. True flight begins in the heart and mind. If you truly wish to fly, there might be a way."

Elio felt his heart beat faster. "Do you really think I can fly?" he asked excitedly.

"I believe that dreams can take many forms," Alar replied. "But I also know that flying isn't always how we imagine it. If you truly want to fly, you need courage, patience, and belief in yourself."

After saying goodbye to Alar, Elio returned to his herd with a newfound determination. He decided that he would do whatever it took to achieve his dream, no matter how long it took or how many times he had to try.

Days passed, and Elio continued practicing with his ears, growing stronger and more skilled each time. He would run through the savanna, trying to feel the wind under his big ears, and though he didn't lift off the ground, each attempt made him feel closer to his goal.

One afternoon, while Elio was practicing, he saw a great cloud of dust approaching rapidly from afar. It was the humans, those strange beings who often brought trouble to the savanna. They were riding enormous vehicles, making a terrifying noise. Elio saw how the other animals fled in panic, and he knew something bad was about to happen.

With his large trunk, Elio emitted a loud call to alert his herd. The elephants quickly gathered, forming a protective circle around the youngest ones. Despite being young, Elio knew he had to do something to help. He remembered Alar's words: "Flight begins in the heart."

Taking a deep breath, Elio ran towards the vehicles with all the speed he could muster. As he ran, his ears flapped in the wind, and for a brief moment, he felt as if he was floating. He wasn't flying in the traditional sense, but something inside him told him he was doing the right thing.

When the humans saw the small but brave elephant running towards them, they were surprised and slowed down their vehicles. Elio, with all his might, kicked up dust and stones with his trunk, creating a sort of curtain that prevented the humans from advancing. Seeing this, the herd of elephants joined Elio, trumpeting loudly and stomping the ground with their feet.

The humans, realizing they couldn't advance, decided to retreat. Elio and his herd followed them until they were sure they were far, far away from their home.

That night, as the herd gathered under the great baobab tree, everyone praised Elio for his bravery. Even the elephants who had once mocked his dreams now looked at him with respect and admiration.

But the most important thing was that Elio realized something crucial: he didn't need to fly to be a hero. He had found his own kind of flight, one that had led him to do something great and brave, something that protected his family and his home.

The next day, Elio found himself once again under the baobab tree, but this time he wasn't alone. Alar, the great bird he had saved, had come to visit him.

"I heard what you did yesterday, Elio," said Alar with a smile. "You showed great courage and heart. How do you feel now?"

Elio smiled with satisfaction. "I feel good, Alar. I realized that I don't need to fly to be special. I can dream of flying, but I can also dream of many other things that are within my reach."

Alar nodded wisely. "That's right, young elephant. We all have our own path in the sky, and you have found yours. But, if you ever want to feel the breeze under your ears, I'll always be here to help you remember how you dreamed of flying."

And with those words, Alar spread his majestic wings and took flight, leaving Elio with a smile on his face and a valuable lesson in his heart.

From that day on, Elio remained the dreamer elephant he had always been, but now he understood that dreams don't always come true in the way we imagine. Sometimes, dreams guide us towards an even greater purpose, and instead of flying in the sky, we fly in our hearts, rising to heights we never believed possible.

Max, el Ratón de la Gran Ciudad

En el corazón de una gigantesca ciudad, escondido entre los muros de un viejo edificio, vivía un pequeño ratón llamado Max. Pero Max no era un ratón cualquiera; él era un ratón con un gran sueño. Mientras los otros ratones se conformaban con vivir en la oscuridad y esconderse de los humanos, Max soñaba con algo mucho más ambicioso: quería ser un héroe.

Max había crecido escuchando historias sobre ratones valientes que habían salvado a sus familias de los gatos, que habían encontrado montañas de queso escondidas o que incluso habían hecho amistad con los humanos. Esas historias encendían su imaginación y alimentaban su deseo de hacer algo grandioso.

Cada noche, mientras sus amigos y familia dormían, Max se asomaba por un pequeño agujero en la pared de su hogar y observaba la gran ciudad que se extendía más allá. Las luces brillantes, el ruido constante y el bullicio incesante lo fascinaban. "Un día," se decía a sí mismo, "haré algo importante en esta ciudad. Seré el ratón más valiente de todos."

El problema era que, a pesar de su determinación, Max no sabía por dónde empezar. La ciudad era un lugar enorme y peligroso, especialmente para un ratón pequeño como él. Había gatos en cada esquina, trampas en los rincones y humanos que podrían aplastarlo con un simple paso. Pero Max no dejaba que esos miedos lo detuvieran. Sabía que los grandes héroes también habían enfrentado desafíos y que, para ser valiente, primero tenía que enfrentarse a sus propios temores.

Una tarde, mientras Max exploraba un pasillo del edificio en busca de alguna aventura, escuchó un ruido extraño proveniente del piso de arriba. Era un ruido suave pero constante, como un rasgueo. Curioso,

Max decidió investigar. Siguiendo el sonido, subió por las escaleras hasta llegar a una puerta cerrada. Detrás de esa puerta, el sonido era más fuerte.

Sin pensarlo dos veces, Max se deslizó por debajo de la puerta y se encontró en una habitación llena de libros. Las estanterías llegaban hasta el techo y había papeles por todas partes. Pero lo que más le llamó la atención fue un enorme escritorio en el centro de la habitación. Sobre el escritorio, un anciano humano estaba sentado, escribiendo furiosamente en una pila de papeles. Era el escritor más famoso de la ciudad, el señor Sebastián.

Max había oído hablar del señor Sebastián. Era un hombre solitario que pasaba la mayor parte de su tiempo escribiendo historias que fascinaban a todos en la ciudad. Pero últimamente, según los ratones chismosos del edificio, el señor Sebastián había estado más triste de lo habitual. Sus historias ya no eran tan alegres y la gente empezaba a preguntarse si había perdido su inspiración.

Max se escondió detrás de una pila de libros y observó al anciano. Parecía frustrado, arrugando papel tras papel y lanzándolos al suelo. Max sintió una punzada de tristeza por él. "¿Cómo podría ayudarlo?", se preguntó. De repente, tuvo una idea brillante. ¡Podría intentar inspirar al señor Sebastián con una historia sobre su propia vida!

Esa noche, mientras el señor Sebastián dormía, Max comenzó a escribir su historia en pequeños trozos de papel que encontró en la habitación. Era difícil para un ratón tan pequeño manejar un lápiz tan grande, pero Max estaba decidido. Durante horas, escribió sobre su vida en la gran ciudad, sobre sus sueños y sobre cómo había decidido ser valiente a pesar de todos los peligros.

Al amanecer, Max había terminado su pequeña historia. Con cuidado, dejó los papeles en un lugar donde sabía que el señor Sebastián los encontraría. Luego, regresó a su hogar, agotado pero lleno de esperanza.

Al día siguiente, cuando el señor Sebastián encontró los papeles, frunció el ceño, extrañado. "¿Qué es esto?", murmuró mientras los recogía. Pero a medida que leía, su expresión cambió. Poco a poco, una sonrisa se dibujó en su rostro. La historia de Max, aunque simple, estaba llena de corazón y sinceridad. Le recordó por qué había comenzado a escribir en primer lugar: para inspirar y conectar con los demás.

Esa misma tarde, el señor Sebastián comenzó a escribir una nueva historia, una historia sobre un pequeño ratón valiente que vivía en la gran ciudad y que, a pesar de todos los obstáculos, nunca dejó de perseguir sus sueños. La historia fue un éxito rotundo. Todos en la ciudad hablaban del ratón héroe, y aunque nadie sabía que la historia estaba inspirada en la vida real de un ratón llamado Max, el éxito llenó de alegría el corazón del anciano escritor.

Max, desde su pequeño escondite en la pared, no podía creer lo que había sucedido. Su historia no solo había ayudado al señor Sebastián a recuperar su inspiración, sino que también había logrado lo que tanto deseaba: hacer algo importante en la gran ciudad.

A partir de entonces, Max se convirtió en un visitante frecuente del estudio del señor Sebastián. Aunque el escritor nunca descubrió al pequeño ratón que lo ayudaba en secreto, Max continuó dejándole pequeñas historias para inspirarlo. Los dos, sin saberlo, se convirtieron en una especie de equipo. El señor Sebastián, con su talento, y Max, con su valentía, crearon historias que inspiraron a toda la ciudad.

Así, el pequeño ratón siguió viviendo en la gran ciudad, siempre buscando nuevas formas de ayudar, siempre soñando con nuevas historias que contar. Y en cada rincón de la ciudad, cada vez que alguien leía una de las historias del señor Sebastián, una parte del pequeño Max también estaba ahí, inspirando a otros a soñar, a ser valientes y a nunca dejar de perseguir sus sueños.

Max, the Mouse of the Big City

In the heart of a gigantic city, hidden within the walls of an old building, lived a little mouse named Max. But Max wasn't just any mouse; he was a mouse with a big dream. While the other mice were content with living in darkness and hiding from humans, Max dreamed of something much more ambitious: he wanted to be a hero.

Max had grown up listening to stories about brave mice who had saved their families from cats, found hidden mountains of cheese, or even made friends with humans. These stories ignited his imagination and fueled his desire to do something grand.

Every night, while his friends and family slept, Max would peek through a small hole in the wall of his home and observe the big city that lay beyond. The bright lights, the constant noise, and the endless bustle fascinated him. "One day," he told himself, "I'll do something important in this city. I'll be the bravest mouse of all."

The problem was, despite his determination, Max didn't know where to start. The city was a huge and dangerous place, especially for a small mouse like him. There were cats on every corner, traps in every nook, and humans who could crush him with a single step. But Max didn't let those fears stop him. He knew that great heroes also faced challenges, and to be brave, he first had to face his own fears.

One afternoon, while Max was exploring a hallway in the building, searching for an adventure, he heard a strange noise coming from the floor above. It was a soft but constant noise, like scratching. Curious, Max decided to investigate. Following the sound, he climbed the stairs until he reached a closed door. Behind that door, the sound was louder.

Without thinking twice, Max slipped under the door and found himself in a room full of books. The shelves reached up to the ceiling, and there were papers everywhere. But what caught his attention most was a large desk in the center of the room. On the desk, an old man was sitting, furiously writing on a stack of papers. He was the most famous writer in the city, Mr. Sebastian.

Max had heard about Mr. Sebastian. He was a lonely man who spent most of his time writing stories that fascinated everyone in the city. But lately, according to the gossipy mice in the building, Mr. Sebastian had been sadder than usual. His stories were no longer as joyful, and people were beginning to wonder if he had lost his inspiration.

Max hid behind a stack of books and watched the old man. He seemed frustrated, crumpling paper after paper and throwing them to the floor. Max felt a pang of sadness for him. "How could I help him?" he wondered. Suddenly, he had a brilliant idea. He could try to inspire Mr. Sebastian with a story about his own life!

That night, while Mr. Sebastian slept, Max began writing his story on small scraps of paper he found in the room. It was hard for such a small mouse to handle such a big pencil, but Max was determined. For hours, he wrote about his life in the big city, about his dreams, and about how he had decided to be brave despite all the dangers.

By dawn, Max had finished his little story. Carefully, he left the papers in a spot where he knew Mr. Sebastian would find them. Then, he returned home, exhausted but full of hope.

The next day, when Mr. Sebastian found the papers, he frowned, puzzled. "What is this?" he muttered as he picked them up. But as he read, his expression changed. Gradually, a smile spread across his face. Max's story, though simple, was full of heart and sincerity. It reminded him why he had started writing in the first place: to inspire and connect with others.

That same afternoon, Mr. Sebastian began writing a new story, a story about a brave little mouse who lived in the big city and who, despite all obstacles, never stopped chasing his dreams. The story was a huge success. Everyone in the city talked about the mouse hero, and although no one knew that the story was inspired by the real-life of a mouse named Max, the success filled the old writer's heart with joy.

Max, from his little hideout in the wall, couldn't believe what had happened. His story had not only helped Mr. Sebastian regain his inspiration, but it had also achieved what he had always wanted: to do something important in the big city.

From then on, Max became a frequent visitor to Mr. Sebastian's study. Although the writer never discovered the little mouse who helped him in secret, Max continued to leave him little stories to inspire him. The two, without knowing it, became a sort of team. Mr. Sebastian, with his talent, and Max, with his bravery, created stories that inspired the entire city.

And so, the little mouse continued to live in the big city, always looking for new ways to help, always dreaming of new stories to tell. And in every corner of the city, every time someone read one of Mr. Sebastian's stories, a part of little Max was there too, inspiring others to dream, to be brave, and to never stop chasing their dreams.

La Extraordinaria Aventura de Sofía y el Sombrero Mágico

Había una vez en un pequeño pueblo, una niña llamada Sofía que vivía con su abuelo, el señor Ramón. Sofía era una niña como cualquier otra, pero con una gran imaginación. Le encantaba leer libros de aventuras y soñar despierta sobre mundos mágicos y seres fantásticos. Sin embargo, lo que más amaba en el mundo era pasar tiempo con su abuelo en la pequeña tienda de antigüedades que él había regentado durante años.

El señor Ramón había sido un viajero incansable en su juventud, y su tienda estaba llena de objetos raros y curiosos que había recolectado de todas partes del mundo. Cada uno de esos objetos tenía su propia historia, y al abuelo Ramón le encantaba contárselas a Sofía, especialmente en los días lluviosos cuando no había muchos clientes. Entre todos los objetos, había uno que siempre había llamado la atención de Sofía: un viejo sombrero de copa que descansaba en la repisa más alta de la tienda.

El sombrero era alto, de un negro descolorido, con un lazo de terciopelo rojo en la base. Parecía algo salido directamente de un cuento de hadas. Cada vez que Sofía preguntaba sobre el sombrero, su abuelo simplemente sonreía y decía: "Ese sombrero tiene más magia de la que imaginas, Sofía. Un día, te lo mostraré".

Pero ese día nunca llegaba, y Sofía empezó a pensar que el sombrero no era más que un viejo adorno, hasta que un día todo cambió.

Era una tarde tranquila, el cielo estaba despejado y el sol brillaba con intensidad. La tienda estaba vacía y Sofía, aburrida, decidió trepar por las escaleras hasta la repisa más alta para echar un vistazo más de cerca al sombrero que tanto le intrigaba. Con cuidado, lo bajó y se lo puso en la cabeza. En cuanto lo hizo, algo increíble sucedió: el sombrero empezó a encogerse y ajustarse perfectamente a su cabeza. Un suave zumbido llenó el aire y, de repente, Sofía sintió un leve mareo.

Cuando abrió los ojos, ya no estaba en la tienda de antigüedades. Estaba en un lugar completamente diferente. El suelo bajo sus pies era de terciopelo verde, los árboles a su alrededor eran altísimos y de un color púrpura vibrante, y el cielo, de un azul profundo, estaba salpicado de estrellas brillantes aunque era de día. Sofía no podía creer lo que veía. "¿Dónde estoy?", se preguntó en voz alta.

"Estás en el Bosque de los Sueños Perdidos," respondió una voz suave y melodiosa. Sofía se giró rápidamente y vio a un pequeño ser flotando en el aire a su lado. Era un duende diminuto, con alas transparentes que brillaban como el cristal, y un sombrero puntiagudo que le hacía ver aún más pequeño. "Me llamo Tito, soy el guardián de este bosque."

"¿Cómo he llegado aquí?", preguntó Sofía, aún aturdida.

"El sombrero que llevas puesto es un portal a mundos olvidados," explicó Tito con una sonrisa. "Sólo aquellos con un corazón puro y una gran imaginación pueden usarlo para viajar. Y parece que hoy es tu día de suerte."

Sofía estaba emocionada, pero también un poco asustada. "¿Qué debo hacer ahora?" preguntó.

"En este bosque," continuó Tito, "hay muchos seres que necesitan ayuda. Si te atreves a aceptar la aventura, puedo guiarte a través de él. Pero debes saber que este viaje no será fácil, y para regresar a casa, tendrás que superar algunos desafíos."

Sofía no lo pensó dos veces. Siempre había deseado vivir una aventura y ahora tenía la oportunidad de hacerlo. "Estoy lista," dijo decidida.

Tito sonrió ampliamente. "¡Perfecto! Entonces, sígueme."

El primer desafío de Sofía llegó cuando Tito la llevó a una colina donde vivía un dragón enorme, pero no cualquier dragón. Este dragón estaba atrapado en un sueño profundo y no podía despertar. "Su nombre es Draco," explicó Tito. "Ha estado dormido durante cien años porque perdió su amuleto de sueños. Sin él, nunca podrá despertar."

Sofía sintió compasión por el dragón. Parecía tan pacífico, pero también tan triste. "¿Dónde está su amuleto?" preguntó.

"Está escondido en la Cueva de los Ecos," dijo Tito, señalando una montaña lejana. "Pero cuidado, la cueva está llena de trampas y misterios. Muchos han intentado encontrar el amuleto y nunca han regresado."

A pesar de la advertencia, Sofía no dudó. Sabía que tenía que ayudar a Draco. "Iré a buscarlo," dijo con determinación.

La caminata hacia la Cueva de los Ecos fue larga y agotadora. Tito, aunque pequeño, era un guía experto y evitó que Sofía cayera en varias trampas en el camino. Finalmente, llegaron a la entrada de la cueva. El lugar era oscuro y un eco extraño resonaba en sus paredes. Sofía tomó aire profundamente y entró.

Dentro de la cueva, el eco de cada paso de Sofía se multiplicaba, haciendo que pareciera que había cientos de personas siguiéndola. Pero no se dejó intimidar. Recordó las historias que su abuelo le contaba sobre los grandes héroes que enfrentaban sus miedos, y eso le dio valor.

Después de lo que pareció una eternidad, llegó a una gran cámara iluminada por una luz azulada. En el centro, sobre un pedestal de piedra, se encontraba el amuleto de sueños: un colgante en forma de lágrima, brillante y lleno de colores cambiantes. Sofía lo tomó con cuidado, sintiendo una calidez reconfortante en su mano.

Pero justo cuando iba a salir, la cueva comenzó a temblar. "¡Rápido, Sofía! ¡Debemos irnos!" gritó Tito. El eco de su voz pareció despertar a la cueva, que comenzó a derrumbarse a su alrededor. Corriendo tan rápido como sus piernas se lo permitían, Sofía logró salir justo a tiempo antes de que la entrada de la cueva se cerrara completamente detrás de ella.

Con el amuleto en su poder, regresaron a la colina donde Draco aún dormía. Sofía colocó el amuleto alrededor del cuello del dragón y, como por arte de magia, los ojos de Draco comenzaron a abrirse. Parpadeó varias veces antes de darse cuenta de dónde estaba. "¿Qué ha pasado?" preguntó con voz ronca.

"Has estado dormido por mucho tiempo, Draco," dijo Tito. "Pero gracias a Sofía, ahora estás libre."

Draco miró a la pequeña niña y se inclinó en señal de respeto. "Gracias, pequeña valiente. Nunca olvidaré tu bondad."

Sofía sonrió, sintiéndose orgullosa de lo que había logrado. Pero sabía que la aventura aún no había terminado.

"¿Cuál es el próximo desafío?" preguntó a Tito.

El siguiente desafío llevó a Sofía y a Tito a las Orillas del Río Olvidado, un lugar donde las corrientes eran tan fuertes que nadie había logrado cruzarlo. Al otro lado del río se encontraba una aldea donde todos sus habitantes habían perdido la memoria. "Necesitamos cruzar el río para recuperar los recuerdos de la gente del pueblo," explicó Tito. "Pero este río es muy peligroso. Los recuerdos perdidos se mezclan con el agua y pueden confundirte."

Sofía miró el río, que se movía rápidamente y emitía un extraño brillo plateado. Sabía que tenía que ser valiente, pero también cautelosa. "¿Cómo podemos cruzarlo?" preguntó.

"Con el poder de la imaginación," dijo Tito. "Piensa en algo que te haga feliz, algo que te dé fuerza. Esa será la clave para cruzar."

Sofía cerró los ojos y pensó en su abuelo, en las historias que le contaba y en lo mucho que lo quería. Sentía que su corazón se llenaba de calidez. Cuando abrió los ojos, vio que a sus pies había aparecido un pequeño bote, hecho de pétalos de flores y alimentado por una corriente suave y luminosa.

"¡Funciona!" exclamó Sofía. "Vamos, Tito, crucemos juntos."

Subieron al bote y comenzaron a cruzar el río. Las corrientes intentaron desviarlos, susurrando recuerdos confusos en sus oídos, pero Sofía se concentró en su amor por su abuelo y eso la mantuvo en el camino. Finalmente, llegaron al otro lado, donde los habitantes de la aldea los esperaban.

Con la ayuda de Tito, Sofía usó el poder del sombrero mágico para restaurar los recuerdos de las personas. Uno a uno, los habitantes comenzaron a recordar quiénes eran y a recuperar sus vidas. Estaban tan agradecidos que celebraron una gran fiesta en honor a Sofía.

Pero Sofía sabía que aún no había terminado su misión. Había algo más que debía hacer antes de regresar a casa.

"¿Qué es lo último que debo hacer, Tito?" preguntó.

"Debes encontrar el Árbol del Tiempo," respondió Tito. "Es

un árbol muy antiguo que contiene los secretos del pasado y el futuro. Pero está escondido en lo más profundo del bosque, y sólo se revela a aquellos que son realmente dignos."

Sofía se sintió nerviosa. Este último desafío sonaba más difícil que todos los anteriores, pero también sabía que no podía rendirse ahora. "Estoy lista," dijo con firmeza.

Tito la guió hasta el corazón del Bosque de los Sueños Perdidos, un lugar lleno de sombras y susurros. Sofía podía sentir los ojos de criaturas invisibles siguiéndola mientras caminaba, pero mantuvo la calma y siguió adelante. Finalmente, después de lo que pareció una eternidad, llegaron a un claro donde se encontraba el Árbol del Tiempo.

El árbol era enorme, sus ramas se extendían hacia el cielo y su tronco brillaba con una luz dorada. En sus hojas, Sofía podía ver imágenes que se movían como si fueran recuerdos y visiones del futuro. Era el árbol más hermoso que había visto en su vida.

"¿Qué debo hacer ahora?" preguntó.

"Debes hacerle una pregunta al árbol," dijo Tito. "Una pregunta sobre tu vida, y el árbol te dará la respuesta que buscas."

Sofía pensó en todo lo que había vivido en esta aventura. Sabía que había aprendido muchas cosas, pero aún había algo que quería saber. Se acercó al árbol y le preguntó: "¿Cómo puedo ser tan valiente en mi vida diaria como lo he sido en esta aventura?"

El árbol del tiempo brilló con más intensidad y una hoja dorada cayó suavemente en las manos de Sofía. En la hoja estaba escrita una frase: "La valentía no es la ausencia de miedo, sino la decisión de actuar a pesar de él."

Sofía sonrió. Esa era la respuesta que necesitaba. Sabía que, con esta lección, podría enfrentar cualquier desafío que la vida le presentara.

Con la aventura concluida, Tito llevó a Sofía de regreso al punto donde había comenzado todo. "Ahora, es tiempo de regresar a casa," dijo Tito.

Sofía se puso el sombrero mágico nuevamente y, en un abrir y cerrar de ojos, se encontró de regreso en la tienda de antigüedades, con el sombrero en sus manos. Todo parecía haber sido un sueño, pero en su corazón sabía que todo lo que había vivido era real.

Cuando el abuelo Ramón la encontró, le sonrió con esa mirada sabia que siempre tenía. "Veo que has tenido una gran aventura," dijo, acariciando el sombrero.

Sofía asintió. "Sí, y he aprendido muchas cosas. Pero sobre todo, he aprendido que puedo ser valiente, siempre que recuerde lo que es importante."

El abuelo Ramón la abrazó. "Eso es lo más importante de todo, Sofía. Y siempre estaré aquí para recordártelo."

Desde ese día, Sofía llevó consigo la lección del Árbol del Tiempo, y aunque nunca más volvió a usar el sombrero mágico, supo que la verdadera magia estaba dentro de ella: en su corazón valiente y en su amor por los demás.

The Extraordinary Adventure of Sofía and the Magic Hat

Once upon a time in a small town, there was a girl named Sofía who lived with her grandfather, Mr. Ramón. Sofía was an ordinary girl, but with a great imagination. She loved reading adventure books and daydreaming about magical worlds and fantastic beings. However, what she loved most in the world was spending time with her grandfather in the little antique shop he had run for years.

Mr. Ramón had been an avid traveler in his youth, and his shop was filled with rare and curious objects he had collected from all over the world. Each of these objects had its own story, and Grandpa Ramón loved telling them to Sofía, especially on rainy days when there weren't many customers. Among all the objects, there was one that had always caught Sofía's attention: an old top hat that rested on the highest shelf in the shop.

The hat was tall, a faded black, with a red velvet ribbon around its base. It looked like something straight out of a fairy tale. Every time Sofía asked about the hat, her grandfather would just smile and say, "That hat has more magic than you can imagine, Sofía. One day, I'll show you."

But that day never came, and Sofía began to think that the hat was just an old decoration until one day everything changed.

It was a quiet afternoon, the sky was clear, and the sun was shining brightly. The shop was empty, and Sofía, bored, decided to climb the ladder to the highest shelf to take a closer look at the hat that intrigued her so much. Carefully, she took it down and put it on her head. As soon as she did, something incredible happened: the hat began to shrink and fit perfectly on her head. A soft humming filled the air, and suddenly Sofía felt a little dizzy.

When she opened her eyes, she was no longer in the antique shop. She was in a completely different place. The ground beneath her feet was green velvet, the trees around her were tall and a vibrant purple color, and the sky, a deep blue, was dotted with bright stars even though it was daytime. Sofía couldn't believe what she was seeing. "Where am I?" she asked aloud.

"You're in the Forest of Lost Dreams," answered a soft and melodious voice. Sofía quickly turned around and saw a small being floating in the air beside her. It was a tiny elf, with transparent wings that sparkled like crystal, and a pointed hat that made him look even smaller. "My name is Tito; I'm the guardian of this forest."

"How did I get here?" Sofía asked, still dazed.

"The hat you're wearing is a portal to forgotten worlds," Tito explained with a smile. "Only those with a pure heart and a great imagination can use it to travel. And it seems today is your lucky day."

Sofía was excited but also a little scared. "What should I do now?" she asked.

"In this forest," Tito continued, "there are many beings who need help. If you dare to accept the adventure, I can guide you through it. But you must know that this journey won't be easy, and to return home, you'll have to overcome some challenges."

Sofía didn't think twice. She had always wanted to live an adventure, and now she had the chance to do so. "I'm ready," she said decisively.

Tito smiled broadly. "Perfect! Then follow me."

Sofía's first challenge came when Tito led her to a hill where a huge dragon lived, but not just any dragon. This dragon was trapped in a deep sleep and couldn't wake up. "His name is Draco," Tito explained. "He's been asleep for a hundred years because he lost his dream amulet. Without it, he can never wake up."

Sofía felt compassion for the dragon. He looked so peaceful but also so sad. "Where is his amulet?" she asked.

"It's hidden in the Cave of Echoes," Tito said, pointing to a distant mountain. "But be careful, the cave is full of traps and mysteries. Many have tried to find the amulet and never returned."

Despite the warning, Sofía didn't hesitate. She knew she had to help Draco. "I'll go find it," she said with determination.

The walk to the Cave of Echoes was long and exhausting. Tito, though small, was an expert guide and prevented Sofía from falling into several traps along the way. Finally, they arrived at the entrance of the cave. The place was dark, and a strange echo echoed off its walls. Sofía took a deep breath and entered.

Inside the cave, the echo of every step Sofía took multiplied, making it seem like hundreds of people were following her. But she wasn't intimidated. She remembered the stories her grandfather told her about great heroes facing their fears, and that gave her courage.

After what felt like an eternity, she reached a large chamber lit by a bluish light. In the center, on a stone pedestal, was the dream amulet: a teardrop-shaped pendant, glowing and filled with changing colors. Sofía took it carefully, feeling a comforting warmth in her hand.

But just as she was about to leave, the cave began to shake. "Quick, Sofía! We must go!" shouted Tito. The echo of his voice seemed to wake up the cave, which started collapsing around them. Running as fast as her legs would carry her, Sofía managed to escape just in time before the cave entrance closed completely behind her.

With the amulet in her possession, they returned to the hill where Draco was still sleeping. Sofía placed the amulet around the dragon's neck, and as if by magic, Draco's eyes began to open. He blinked several times before realizing where he was. "What happened?" he asked in a hoarse voice.

"You've been asleep for a long time, Draco," said Tito. "But thanks to Sofía, you're now free."

Draco looked at the little girl and bowed in respect. "Thank you, brave little one. I'll never forget your kindness."

Sofía smiled, feeling proud of what she had accomplished. But she knew the adventure wasn't over yet.

"What's the next challenge?" she asked Tito.

The next challenge led Sofía and Tito to the Shores of the Forgotten River, a place where the currents were so strong that no one had managed to cross it. On the other side of the river was a village where all its inhabitants had lost their memories. "We need to cross the river to recover the villagers' memories," Tito explained. "But this river is very dangerous. Lost memories mix with the water and can confuse you."

Sofía looked at the river, which moved quickly and emitted a strange silver glow. She knew she had to be brave, but also cautious. "How can we cross it?" she asked.

"With the power of imagination," Tito said. "Think of something that makes you happy, something that gives you strength. That will be the key to crossing."

Sofía closed her eyes and thought of her grandfather, the stories he told her, and how much she loved him. She felt her heart fill with warmth. When she opened her eyes, she saw that a small boat had appeared at her feet, made of flower petals and powered by a gentle, glowing current.

"It works!" exclaimed Sofía. "Come on, Tito, let's cross together."

They got into the boat and began to cross the river. The currents tried to steer them off course, whispering confusing memories in their ears, but Sofía focused on her love for her grandfather, and that kept her on track. Finally, they reached the other side, where the villagers were waiting for them.

With Tito's help, Sofía used the power of the magic hat to restore the villagers' memories. One by one, the villagers began to remember who they were and reclaim their lives. They were so grateful that they held a big party in Sofía's honor.

But Sofía knew her mission wasn't over yet. There was still something she needed to do before returning home.

"What's the last thing I must do, Tito?" she asked.

"You must find the Tree of Time," Tito replied. "It's a very old tree that holds the secrets of the past and future. But it's hidden deep in the forest, and it only reveals itself to those who are truly worthy."

Sofía felt nervous. This last challenge sounded harder than all the previous ones, but she also knew she couldn't give up now. "I'm ready," she said firmly.

Tito guided her to the heart of the Forest of Lost Dreams, a place full of shadows and whispers. Sofía could feel the eyes of invisible creatures following her as she walked, but she remained calm and kept moving forward. Finally, after what seemed like an eternity, they arrived at a clearing where the Tree of Time stood.

The tree was enormous, its branches reaching towards the sky, and its trunk glowed with a golden light. In its leaves, Sofía could see images moving as if they were memories and visions of the future. It was the most beautiful tree she had ever seen.

"What should I do now?" she asked.

"You must ask the tree a question," Tito said. "A question about your life, and the tree will give you the answer you seek."

Sofía thought about everything she had experienced on this adventure. She knew she had learned many things, but there was still something she wanted to know. She approached the tree and asked, "How can I be as brave in my daily life as I've been in this adventure?"

The Tree of Time shone more brightly, and a golden leaf gently fell into Sofía's hands. On the leaf, a phrase was written: "Bravery is not the absence of fear, but the decision to act despite it."

Sofía smiled. That was the answer she needed. She knew that with this lesson, she could face any challenge life threw at her.

With the adventure concluded, Tito led Sofía back to the point where it all began. "Now, it's time to go home," Tito said.

Sofía put the magic hat on again, and in the blink of an eye, she found herself back in the antique shop, with the hat in her hands. Everything seemed like a dream, but in her heart, she knew that everything she had experienced was real.

When Grandpa Ramón found her, he smiled with that wise look he always had. "I see you've had a great adventure," he said, stroking the hat.

Sofía nodded. "Yes, and I've learned many things. But most importantly, I've learned that I can be brave as long as I remember what's important."

Grandpa Ramón hugged her. "That's the most important thing of all, Sofía. And I'll always be here to remind you."

From that day on, Sofía carried with her the lesson of the Tree of Time, and though she never wore the magic hat again, she knew the true magic was within her: in her brave heart and her love for others.

El Misterio de la Biblioteca Encantada

Había una vez, en un pequeño pueblo llamado Villapiedra, un niño llamado Leo. Leo era un niño curioso de diez años, con el cabello rizado y una sonrisa traviesa que siempre parecía prometer una nueva aventura. A diferencia de otros niños, a Leo no le gustaban mucho los videojuegos ni los deportes. Lo que a él le apasionaba eran los libros. Podía pasar horas y horas leyendo sobre piratas, dragones, y planetas lejanos.

Un día, mientras exploraba su pueblo, Leo descubrió un edificio viejo que nunca había notado antes. La fachada estaba cubierta de enredaderas y polvo, y sobre la puerta principal, en letras doradas y descoloridas, se podía leer: Biblioteca Encantada de Villapiedra.

Leo sintió una extraña atracción hacia ese lugar. Sin dudarlo, empujó la pesada puerta y entró. Dentro, la biblioteca era aún más misteriosa. Había libros hasta el techo, organizados en estanterías antiguas que crujían bajo el peso de los años. El aire estaba impregnado de ese olor a libro viejo, mezclado con un toque de algo... ¿mágico?

"¡Hola!" llamó Leo, pero nadie respondió. De repente, un libro cayó de una de las estanterías. Leo se acercó cautelosamente y lo recogió. Era un libro muy viejo, con una portada de cuero marrón y el título grabado en letras doradas: El Gran Libro de los Misterios.

"¡Guau! Esto debe ser interesante", murmuró Leo mientras se sentaba en una silla cercana para leer. Abrió el libro y, para su sorpresa, las páginas estaban en blanco. "¿Cómo es posible?" pensó.

Pero antes de que pudiera pensar en otra cosa, las páginas comenzaron a llenarse de letras, como si alguien estuviera escribiendo en ese mismo momento. Leo no podía creer lo que estaba viendo. Las palabras formaban una oración: "Ayúdame, Leo."

Leo sintió un escalofrío recorrer su espalda. ¿Quién estaba escribiendo en el libro? ¿Y cómo sabían su nombre? Pero su curiosidad era más fuerte que el miedo. "¿Quién eres?" preguntó en voz alta.

Las páginas volvieron a moverse, y esta vez, el libro respondió: "Soy el fantasma de la biblioteca. Estoy atrapado aquí, y necesito tu ayuda para liberarme."

Leo tragó saliva. ¡Un fantasma! Nunca había conocido a uno, pero siempre había leído sobre ellos. "¿Qué debo hacer para ayudarte?" preguntó.

El fantasma explicó que, hacía muchos años, había sido un bibliotecario que cuidaba de esa biblioteca. Sin embargo, un día, un hechizo fue lanzado sobre él, atrapándolo en el libro para siempre. La única manera de liberarlo era encontrar tres objetos mágicos escondidos en la biblioteca: una pluma dorada, un reloj de arena encantado, y una llave de cristal.

"Pero cuidado, Leo," advirtió el fantasma. "La biblioteca está llena de trampas y desafíos. No será fácil, pero sé que tú puedes hacerlo."

Leo asintió, decidido. Le encantaban los desafíos, y ayudar a un fantasma sonaba como la mejor aventura que jamás había tenido.

Leo comenzó su búsqueda de inmediato. El primer objeto en la lista era la pluma dorada. El fantasma le había dicho que se encontraba en la Sección de Fábulas, un lugar lleno de libros de cuentos antiguos. Cuando llegó, vio estanterías repletas de libros con portadas de colores brillantes y títulos en letras cursivas.

"Debe estar aquí en alguna parte," se dijo a sí mismo. Mientras buscaba, un libro en particular llamó su atención. Estaba mal colocado, y al intentar sacarlo, una trampilla en el suelo se abrió de repente, haciendo que Leo cayera en un túnel secreto.

Después de un corto deslizamiento, Leo aterrizó suavemente en una habitación secreta bajo la biblioteca. Allí, en el centro de la sala, vio un pedestal con la pluma dorada flotando sobre él.

"¡Lo encontré!" exclamó Leo emocionado. Pero cuando se acercó a la pluma, una figura apareció de la nada: un gigante de piedra con ojos rojos brillantes.

"¡Nadie toma la pluma sin pasar mi prueba!" tronó el gigante.

"¿Qué prueba?" preguntó Leo, tratando de no mostrar su miedo.

"Debes resolver mi acertijo. Si fallas, quedarás atrapado aquí para siempre. Si aciertas, la pluma será tuya."

Leo asintió. No tenía otra opción. El gigante comenzó:

"Vivo sin cuerpo, respiro sin pulmones,

tan ligero soy que levanto montones.

No tengo voz, pero hago llorar,

y con gran fuerza puedo empujar.

¿Qué soy?"

Leo frunció el ceño, concentrándose. Pensó en todas las cosas que podían empujar, que no tenían cuerpo ni voz... y de repente, ¡lo supo!

"¡El viento!" exclamó.

El gigante de piedra sonrió, y con un rugido, desapareció, dejando a la pluma dorada flotando libremente. Leo la tomó con cuidado y la guardó en su mochila. Uno de los tres objetos estaba en su poder.

Con la pluma dorada segura en su mochila, Leo se dirigió a la siguiente sección de la biblioteca, donde, según el fantasma, se encontraba el reloj de arena encantado: la Sección de Historia Antigua.

Esta parte de la biblioteca estaba llena de polvo y telarañas, y las estanterías estaban repletas de libros sobre civilizaciones perdidas y eventos históricos olvidados. Leo caminaba con cautela, mirando a su alrededor, cuando de repente escuchó un tictac suave.

Siguió el sonido hasta llegar a una gran mesa cubierta de mapas antiguos. Sobre la mesa, había un reloj de arena que no dejaba de girar, haciendo que la arena se moviera constantemente, sin detenerse nunca.

"Ahí está," susurró Leo. Pero cuando se acercó al reloj, las sombras en la habitación comenzaron a moverse, tomando la forma de guerreros antiguos con espadas y escudos.

"Para tomar el reloj de arena," dijo una voz grave que parecía venir de las sombras, "debes enfrentarte a tu mayor miedo."

Leo sintió su corazón latir con fuerza. ¿Su mayor miedo? ¿Qué podría ser eso? Pero antes de que pudiera pensar más, una de las sombras avanzó hacia él, transformándose en la figura de un gran perro negro, con ojos rojos y dientes afilados. Leo se quedó paralizado.

Cuando era más pequeño, había sido atacado por un perro en el parque, y desde entonces, había temido a los perros grandes. Pero ahora, frente a esta sombra, sabía que tenía que superar su miedo si quería continuar.

Leo cerró los ojos y respiró hondo. "No eres real," dijo en voz alta. "No puedes hacerme daño." Lentamente, abrió los ojos y vio que la sombra del perro se desvanecía.

Con un suspiro de alivio, Leo se acercó al reloj de arena y lo tomó. Las sombras se disiparon, y el tictac cesó. Tenía el segundo objeto. Solo faltaba uno más.

El último objeto que Leo debía encontrar era la llave de cristal, que según el fantasma, se encontraba en la Sección de Fantasía, la más mágica y peligrosa de toda la biblioteca.

Cuando Leo llegó, la Sección de Fantasía parecía estar viva. Los libros flotaban en el aire, las estanterías cambiaban de lugar, y los personajes de las historias aparecían y desaparecían, saludando a Leo mientras pasaba.

"Esto es increíble," pensó Leo, maravillado por la magia a su alrededor. Pero sabía que debía concentrarse. Buscó en cada rincón de la sección, pero no podía encontrar la llave.

Finalmente, notó una puerta pequeña al final de un pasillo. Se acercó y la abrió, revelando una pequeña habitación con un cofre en el centro. Leo se acercó al cofre y, con cuidado, lo abrió. Dentro, sobre un lecho de terciopelo, estaba la llave de cristal, brillando como si estuviera hecha de luz pura.

"¡Lo logré!" exclamó Leo. Pero en cuanto tomó la llave, el suelo comenzó a temblar y las paredes de la pequeña habitación empezaron a cerrarse.

"¡Tengo que salir de aquí!" pensó Leo. Corrió hacia la puerta, pero esta ya se había cerrado detrás de él. Sin otra opción, Leo usó la llave de cristal para tocar la puerta, y con un destello brillante, la puerta se abrió, dejándolo escapar justo a tiempo antes de que la habitación se colapsara.

Con la llave de cristal en su poder, Leo regresó al centro de la biblioteca, donde el fantasma lo esperaba.

"¡Lo hiciste!" dijo el fantasma con alegría. "Ahora, con estos tres objetos, puedo ser liberado de este libro."

Leo colocó la pluma dorada, el reloj de arena encantado y la llave de cristal sobre el libro. Al instante, una luz brillante envolvió el libro, y el fantasma, que antes era una figura borrosa, comenzó a tomar forma humana.

El fantasma, ahora un hombre anciano con una barba blanca y ojos amables, sonrió a Leo. "Gracias, valiente Leo. Has hecho lo que nadie más pudo hacer en siglos. Estoy en deuda contigo."

Leo sonrió, sintiéndose orgulloso de lo que había logrado. "Me alegra haber podido ayudar," dijo. "Pero, ¿qué sucederá ahora con la biblioteca?"

El anciano bibliotecario miró a su alrededor con nostalgia. "La biblioteca encantada desaparecerá, y todos los libros y personajes regresarán a donde pertenecen. Pero tú, Leo, siempre llevarás contigo la magia de esta experiencia."

Con esas palabras, la biblioteca comenzó a desvanecerse lentamente, como si estuviera hecha de polvo de estrellas. Leo sintió un tirón en su estómago, y antes de darse cuenta, estaba de pie en la entrada del edificio antiguo, con el libro cerrado en sus manos.

Miró a su alrededor, pero el edificio ya no estaba allí. En su lugar, solo había un espacio vacío. Leo sabía que nadie le creería si contaba lo que había sucedido, pero no le importaba. Guardó el libro en su mochila y se dirigió a casa, sabiendo que había vivido una aventura que jamás olvidaría.

The Mystery of the Enchanted Library

Once upon a time, in a small town called Villapiedra, there was a boy named Leo. Leo was a curious ten-year-old with curly hair and a mischievous smile that always seemed to promise a new adventure. Unlike other kids, Leo wasn't very interested in video games or sports. What he loved were books. He could spend hours and hours reading about pirates, dragons, and distant planets.

One day, while exploring his town, Leo discovered an old building he had never noticed before. The facade was covered in vines and dust, and above the main door, in faded golden letters, he could read: Villapiedra Enchanted Library.

Leo felt a strange attraction to this place. Without hesitation, he pushed the heavy door and entered. Inside, the library was even more mysterious. There were books up to the ceiling, organized on ancient shelves that creaked under the weight of the years. The air was filled with the smell of old books mixed with a touch of something... magical?

"Hello!" Leo called out, but no one answered. Suddenly, a book fell off one of the shelves. Leo cautiously approached and picked it up. It was a very old book, with a brown leather cover and the title engraved in golden letters: The Great Book of Mysteries.

"Wow! This must be interesting," Leo murmured as he sat down in a nearby chair to read. He opened the book, and to his surprise, the pages were blank. "How is this possible?" he thought.

But before he could think of anything else, the pages began to fill with letters as if someone were writing at that very moment. Leo couldn't believe what he was seeing. The words formed a sentence: "Help me, Leo."

Leo felt a shiver down his spine. Who was writing in the book? And how did they know his name? But his curiosity was stronger than his fear. "Who are you?" he asked out loud.

The pages moved again, and this time, the book replied: "I am the ghost of the library. I am trapped here, and I need your help to be freed."

Leo gulped. A ghost! He had never met one, but he had always read about them. "What do I need to do to help you?" he asked.

The ghost explained that many years ago, he had been a librarian who cared for that library. However, one day, a spell was cast on him, trapping him in the book forever. The only way to free him was to find three magical objects hidden in the library: a golden feather, an enchanted hourglass, and a crystal key.

"But be careful, Leo," the ghost warned. "The library is full of traps and challenges. It won't be easy, but I know you can do it."

Leo nodded, determined. He loved challenges, and helping a ghost sounded like the best adventure he'd ever had.

Leo began his quest immediately. The first object on the list was the golden feather. The ghost had told him it was in the Fables Section, a place full of old storybooks. When he arrived, he saw shelves filled with books with bright covers and titles in cursive letters.

"It must be here somewhere," he told himself. While searching, a particular book caught his attention. It was misplaced, and when he tried to pull it out, a trapdoor in the floor suddenly opened, causing Leo to fall into a secret tunnel.

After a short slide, Leo landed softly in a hidden room beneath the library. There, in the center of the room, he saw a pedestal with the golden feather floating above it.

"I found it!" Leo exclaimed excitedly. But as he approached the feather, a figure appeared out of nowhere: a giant stone figure with glowing red eyes.

"Nobody takes the feather without passing my test!" the giant boomed.

"What test?" Leo asked, trying not to show his fear.

"You must solve my riddle. If you fail, you will be trapped here forever. If you succeed, the feather will be yours."

Leo nodded. He had no other choice. The giant began:

"I live without a body, breathe without lungs,

so light I am that I lift heaps.

I have no voice but can make you cry,

and with great force, I can push.

What am I?"

Leo frowned, concentrating. He thought of all the things that could push, that had no body or voice... and suddenly, he knew!

"Wind!" he exclaimed.

The stone giant smiled, and with a roar, disappeared, leaving the golden feather floating freely. Leo carefully took it and put it in his backpack. One of the three objects was in his possession.

With the golden feather safely in his backpack, Leo headed to the next section of the library, where, according to the ghost, the enchanted hourglass was located: the Ancient History Section.

This part of the library was dusty and cobwebbed, with shelves full of books about lost civilizations and forgotten historical events. Leo walked cautiously, looking around, when suddenly he heard a soft ticking sound.

He followed the sound until he reached a large table covered in old maps. On the table was an hourglass that kept spinning, causing the sand to move constantly, never stopping.

"There it is," Leo whispered. But as he approached the hourglass, the shadows in the room began to move, taking the shape of ancient warriors with swords and shields.

"To take the hourglass," said a deep voice that seemed to come from the shadows, "you must face your greatest fear."

Leo felt his heart pound. His greatest fear? What could that be? But before he could think more, one of the shadows advanced toward him, transforming into the figure of a large black dog, with red eyes and sharp teeth. Leo froze.

When he was younger, he had been attacked by a dog in the park, and since then, he had feared big dogs. But now, facing this shadow, he knew he had to overcome his fear if he wanted to continue.

Leo closed his eyes and took a deep breath. "You're not real," he said out loud. "You can't hurt me." Slowly, he opened his eyes and saw the shadow of the dog fading away.

With a sigh of relief, Leo approached the hourglass and took it. The shadows dissipated, and the ticking stopped. He had the second object. Only one more to go.

The last object Leo needed to find was the crystal key, which, according to the ghost, was in the Fantasy Section, the most magical and dangerous part of the library.

When Leo arrived, the Fantasy Section seemed to be alive. Books floated in the air, shelves changed places, and characters from the stories appeared and disappeared, greeting Leo as he passed.

"This is incredible," Leo thought, marveling at the magic around him. But he knew he had to focus. He searched every corner of the section but couldn't find the key.

Finally, he noticed a small door at the end of a hallway. He approached and opened it, revealing a small room with a chest in the center. Leo walked over to the chest and carefully opened it. Inside, on a bed of velvet, was the crystal key, shining as if it were made of pure light.

"I did it!" Leo exclaimed. But as soon as he took the key, the floor began to shake, and the walls of the small room started closing in.

"I need to get out of here!" Leo thought. He ran to the door, but it had already closed behind him. With no other option, Leo used the crystal key to touch the door, and with a bright flash, the door opened, allowing him to escape just in time before the room collapsed.

With the crystal key in his possession, Leo returned to the center of the library, where the ghost was waiting.

"You did it!" said the ghost with joy. "Now, with these three objects, I can be freed from this book."

Leo placed the golden feather, the enchanted hourglass, and the crystal key on the book. Immediately, a bright light enveloped the book, and the ghost, who had previously been a blurry figure, began to take human form.

The ghost, now an old man with a white beard and kind eyes, smiled at Leo. "Thank you, brave Leo. You have done what no one else could do in centuries. I am in your debt."

Leo smiled, feeling proud of what he had accomplished. "I'm glad I could help," he said. "But what will happen to the library now?"

The old librarian looked around nostalgically. "The enchanted library will disappear, and all the books and characters will return to where they belong. But you, Leo, will always carry with you the magic of this experience."

With those words, the library began to slowly fade away as if it were made of stardust. Leo felt a pull in his stomach, and before he knew it, he was standing at the entrance of the old building, with the closed book in his hands.

He looked around, but the building was no longer there. Instead, there was only an empty space. Leo knew that no one would believe him if he told them what had happened, but he didn't care. He put the book in his backpack and headed home, knowing he had lived an adventure he would never forget.